Impressum
Verlag: BABADADA GmbH, Nedderfeld 112 , 22529 Hamburg
Geschäftsführer / Verlagsleitung: Harald Hof
Druck: Books on Demand GmbH, In de Tarpen 42, 22848 Norderstedt

Imprint
Publisher: BABADADA GmbH, Nedderfeld 112 , 22529 Hamburg, Germany
Managing Director / Publishing direction: Harald Hof
Print: Books on Demand GmbH, In de Tarpen 42, 22848 Norderstedt

koulu
school

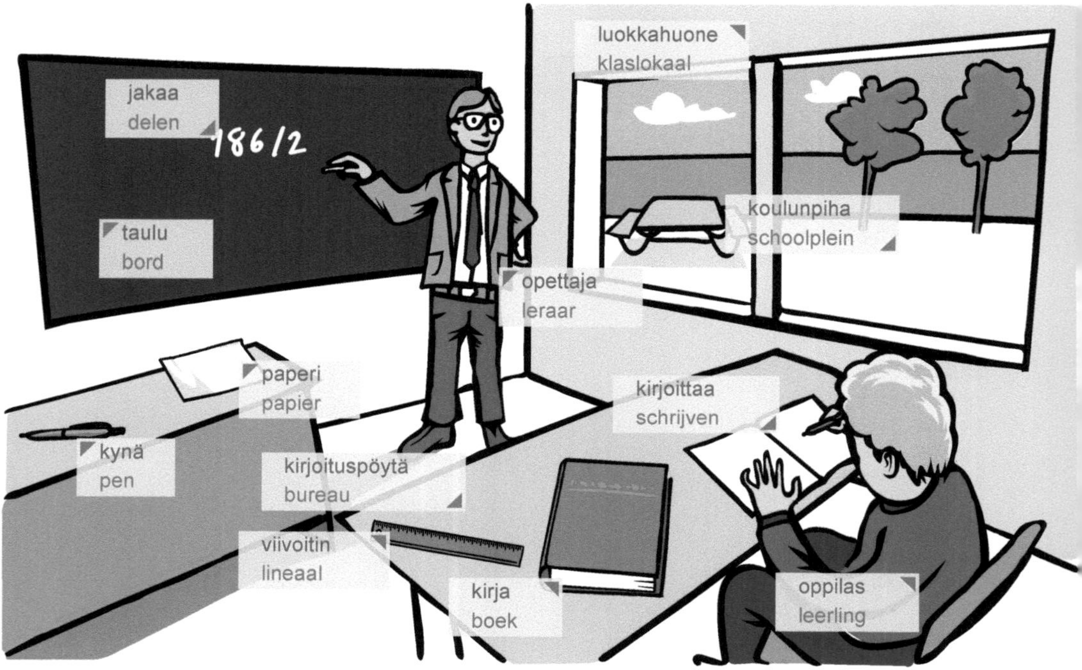
luokkahuone
klaslokaal
jakaa
delen
186/2
taulu
bord
koulunpiha
schoolplein
opettaja
leraar
paperi
papier
kirjoittaa
schrijven
kynä
pen
kirjoituspöytä
bureau
viivoitin
lineaal
kirja
boek
oppilas
leerling

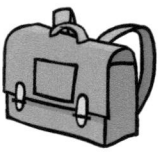

reppu
schooltas

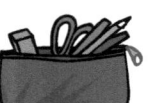

penaali
etui

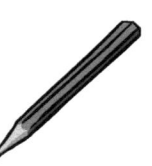

lyijykynä
potlood

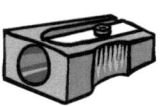

kynänteroitin
puntenslijper

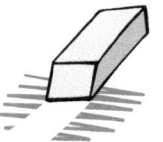

pyyhekumi
gum

piirustuslehtiö
schetsblok

piirustus
tekening

pensseli
penseel

vesivärit
verfdoos

sakset
schaar

liima
lijm

harjoituskirja
schrift

kotitehtävä
huiswerk

luku
getal

2+2

lisätä
optellen

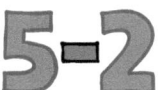

vähentää
aftrekken

kertoa
vermenigvuldigen

laskea
rekenen

kirjain
letter

aakkoset
alfabet

sana
woord

teksti

tekst

lukea

lezen

liitu

krijt

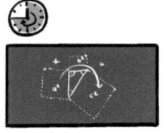

oppitunti

les

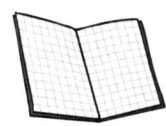

opettajan muistikirja

klassenboek

koe

examen

todistus

diploma

koulupuku

schooluniform

koulutus

opleiding

sanakirja

encyclopedie

yliopisto

universiteit

mikroskooppi

microscoop

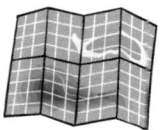

kartta

kaart

roskakori

prullenmand

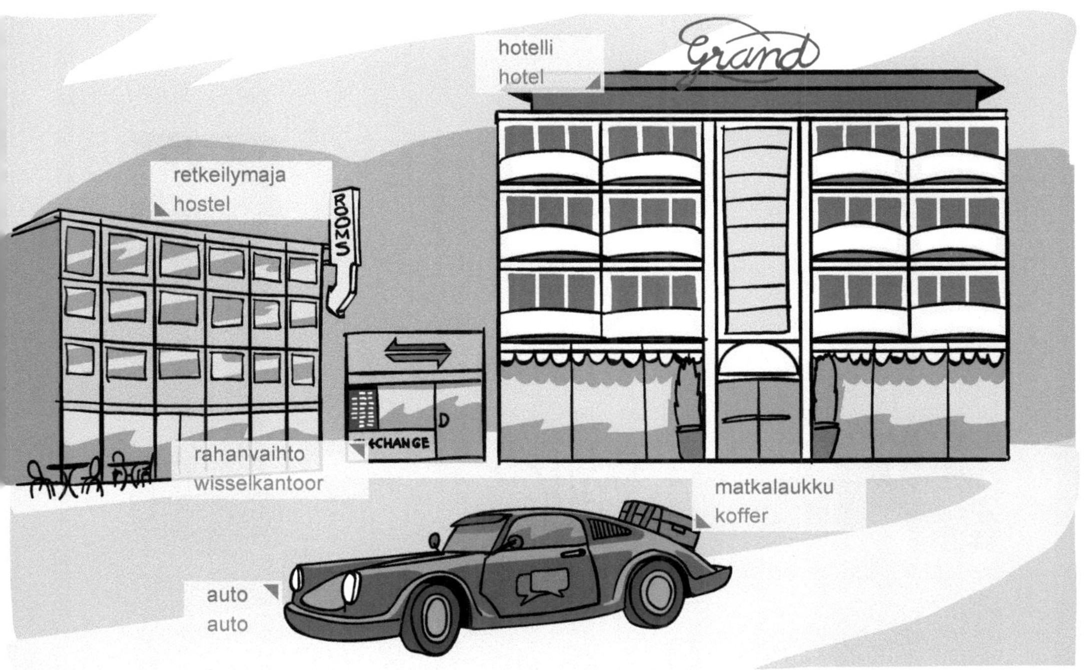

hotelli
hotel
Grand
retkeilymaja
hostel
ROOMS
EXCHANGE
rahanvaihto
wisselkantoor
matkalaukku
koffer
auto
auto

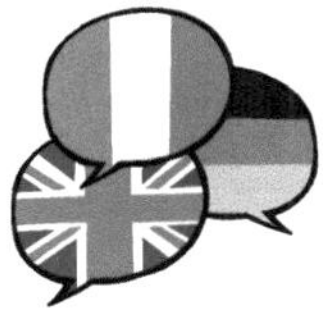

kieli

taal

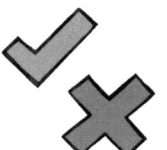

kyllä / ei

ja / nee

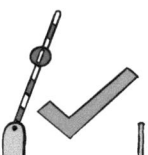

selvä

oké

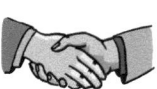

hei

Hallo!

tulkki

tolk

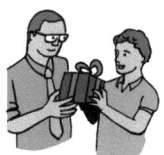

kiitos

Bedankt.

Paljonko...maksaa?

Wat kost ...?

en ymmärrä

Ik begrijp het niet.

ongelma

probleem

Hyvää iltaa!

Goedenavond!

Hyvää huomenta!

Goedemorgen!

Hyvää yötä!

Goedenacht!

näkemiin

Tot ziens!

suunta

richting

matkatavarat

bagage

laukku

tas

reppu

rugzak

vieras

gast

huone

kamer

makuupussi

slaapzak

teltta

tent

turisti-info	ranta	luottokortti
VVV-kantoor	strand	creditkaart

aamupala	lounas	päivällinen
ontbijt	lunch	diner

matkalippu	hissi	postimerkki
kaartje	lift	postzegel

raja	tulli	suurlähetystö
grens	douane	ambassade

viisumi	passi	
visum	paspoort	

kuljetus

transport

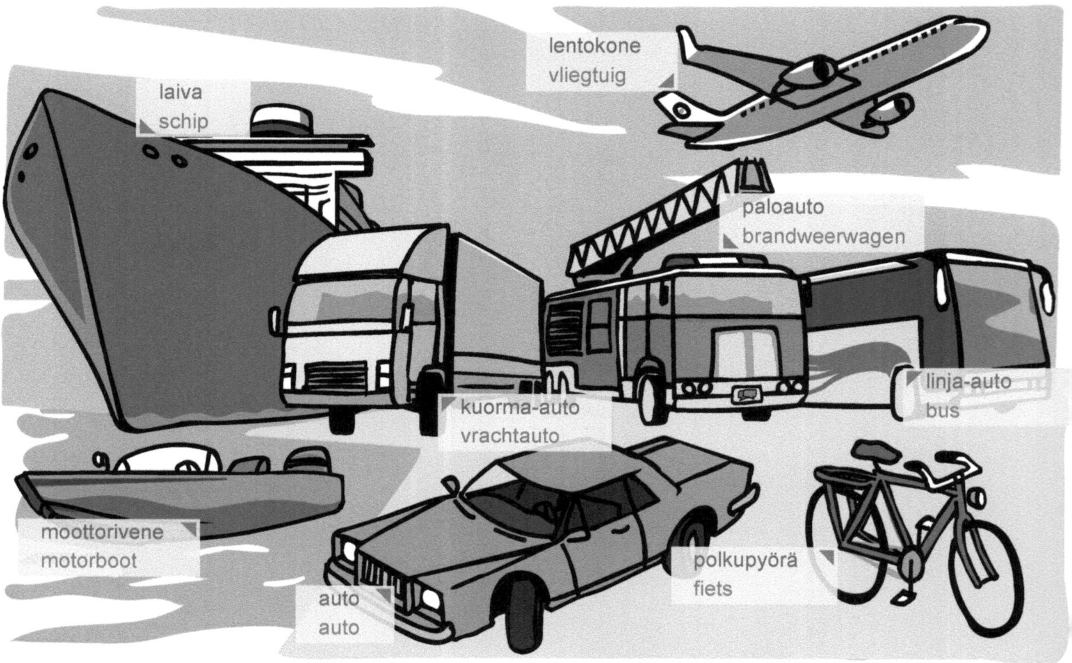

lentokone
vliegtuig
laiva
schip
paloauto
brandweerwagen
linja-auto
bus
kuorma-auto
vrachtauto
moottorivene
motorboot
polkupyörä
fiets
auto
auto

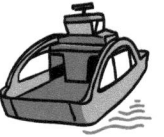

lautta

veerboot

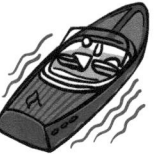

vene

boot

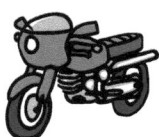

moottoripyörä

motorfiets

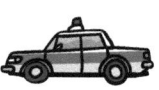

poliisiauto

politiewagen

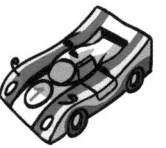

kilpa-auto

raceauto

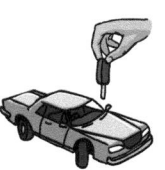

vuokra-auto

huurauto

car sharing

carsharing

hinausauto

takelwagen

roska-auto

vuilniswagen

moottori

motor

polttoaine

benzine

huoltoasema

benzinepomp

liikennemerkki

verkeersbord

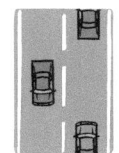

liikenne

verkeer

ruuhka

file

parkkipaikka

parkeerplaats

rautatieasema

station

raiteet

rails

juna

trein

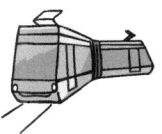

raitiovaunu

tram

vaunu

wagon

helikopteri

helikopter

lentokenttä

luchthaven

lähilennonjohto

toren

matkustaja

passagier

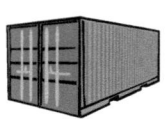

kontti

container

pahvilaatikko

verhuisdoos

kärryt

kar

kori

mand

nousta / laskea

opstijgen / landen

kaupunki
stad

kylä

dorp

keskusta

stadscentrum

talo

huis

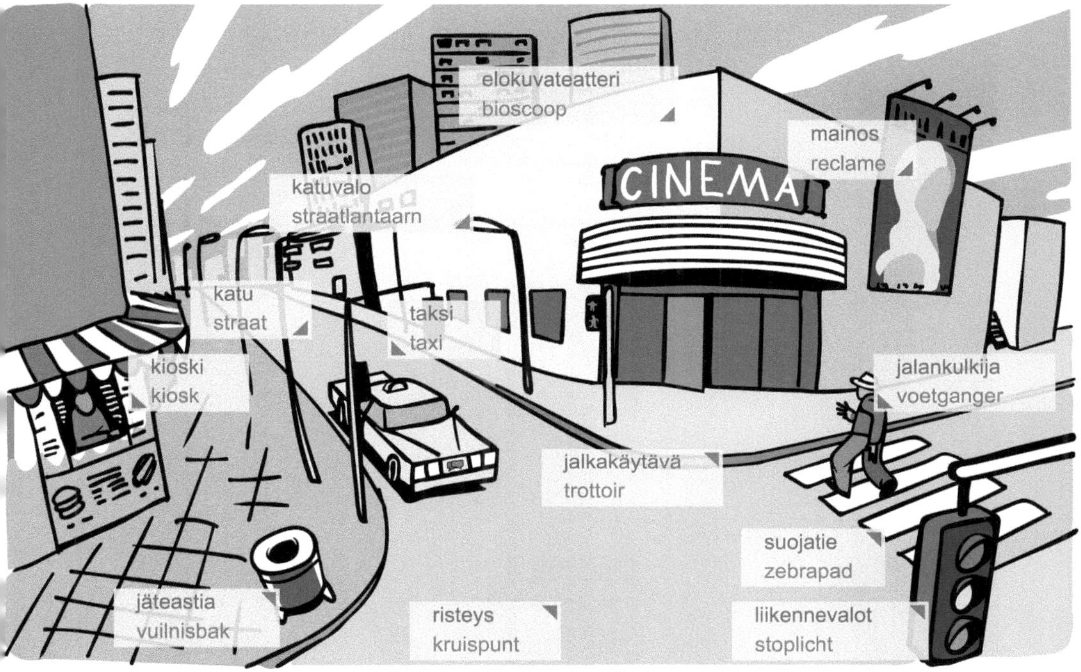

elokuvateatteri
bioscoop

mainos
reclame

katuvalo
straatlantaarn

katu
straat

taksi
taxi

kioski
kiosk

jalankulkija
voetganger

jalkakäytävä
trottoir

suojatie
zebrapad

jäteastia
vuilnisbak

risteys
kruispunt

liikennevalot
stoplicht

mökki

hut

kerrostalo

appartement

rautatieasema

station

kaupungintalo

stadhuis

museo

museum

koulu

school

kaupunki - stad

11

yliopisto

universiteit

pankki

bank

sairaala

ziekenhuis

hotelli

hotel

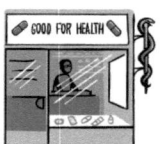

apteekki

apotheek

toimisto

kantoor

kirjakauppa

boekenwinkel

liike

winkel

kukkakauppa

bloemenwinkel

supermarketti

supermarkt

tori

markt

tavaratalo

warenhuis

kalakauppias

visboer

ostoskeskus

winkelcentrum

satama

haven

puisto

park

penkki

bank

silta

brug

portaat

trap

metro

metro

tunneli

tunnel

linja-autopysäkki

bushalte

baari

bar

ravintola

restaurant

postilaatikko

brievenbus

katukyltti

straatnaambord

parkkimittari

parkeermeter

eläintarha

dierentuin

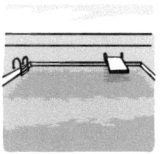

uimala

zwembad

moskeija

moskee

maatila
boerderij

ympäristön saastuminen
vervuiling

hautausmaa
begraafplaats

kirkko
kerk

leikkikenttä
speelplaats

temppeli
tempel

maisema
landschap

lehti
blad

tienviitta
wegwijzer

tie
weg

niitty
weide

kivi
steen

puu
boom

retkeilijä
wandelaar

joki
rivier

ruoho
gras

kukka
bloem

laakso
vallei

vuori
berg

järvi
meer

metsä
bos

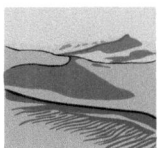

aavikko
woestijn

tulivuori
vulkaan

linna
kasteel

sateenkaari
regenboog

sieni
paddenstoel

palmu
palmboom

hyttynen
mug

kärpänen
vlieg

muurahainen
mier

mehiläinen
bij

hämähäkki
spin

maisema - landschap

15

kovakuoriainen

kever

sammakko

kikker

orava

eekhoorn

siili

egel

jänis

haas

pöllö

uil

lintu

vogel

joutsen

zwaan

villisika

wild zwijn

peura

hert

hirvi

eland

pato

stuwdam

tuulimylly

windmolen

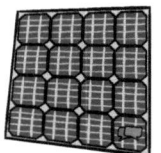

aurinkopaneeli

zonnepaneel

ilmasto

klimaat

ravintola
restaurant

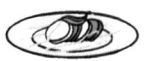

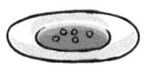

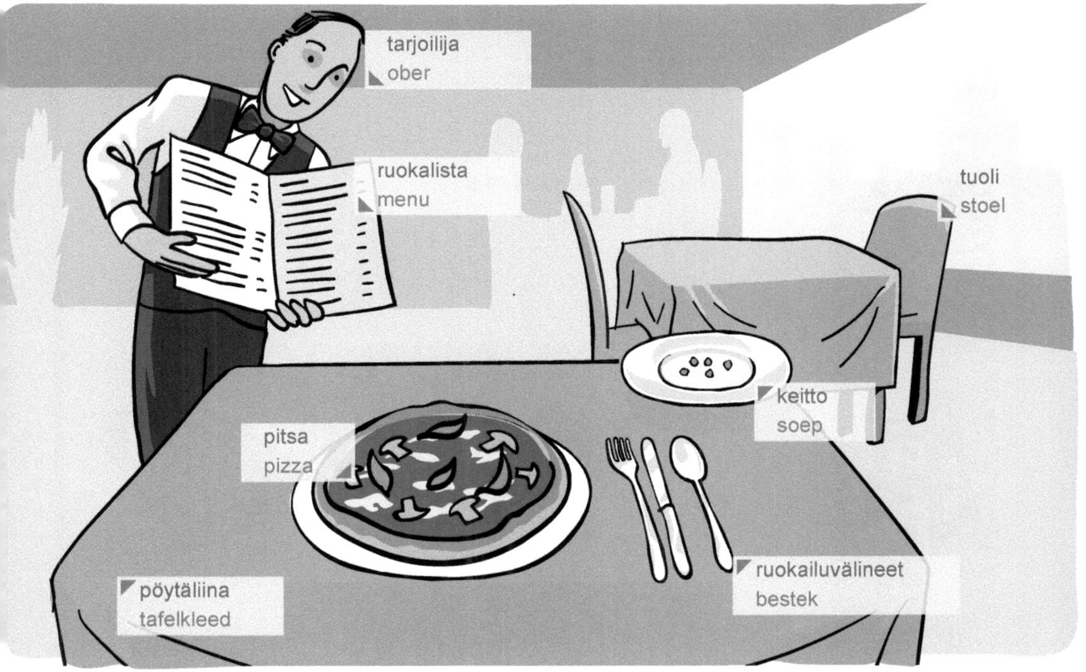
tarjoilija
ober
ruokalista
menu
tuoli
stoel
keitto
soep
pitsa
pizza
pöytäliina
tafelkleed
ruokailuvälineet
bestek

alkuruoka
voorgerecht

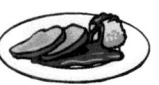

pääruoka
hoofdgerecht

jälkiruoka
toetje

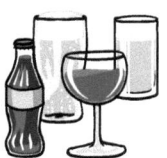

juomat
dranken

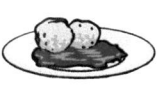

ruoka
eten

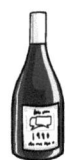

pullo
fles

pikaruoka
fastfood

katuruoka
eetkraampje

teekannu
theepot

sokeriastia
suikerpot

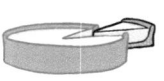

annos
portie

espressokeitin
espressomachine

syöttötuoli
kinderstoel

lasku
rekening

tarjotin
dienblad

veitsi
mes

haarukka
vork

lusikka
lepel

teelusikka
theelepel

servietti
servet

lasi
glas

ravintola - restaurant

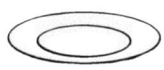

lautanen

bord

syvä lautanen

soepbord

aluslautanen

schotel

kastike

saus

suolasirotin

zoutvaatje

pippurimylly

pepermolen

etikka

azijn

öljy

olie

mausteet

kruiden

ketsuppi

ketchup

sinappi

mosterd

majoneesi

mayonaise

supermarketti
supermarkt

tarjous
aanbieding
asiakas
klant
maitotuotteet
zuivelproducten
ostoskärryt
winkelwagen
hedelmät
fruit
FOR

BUTCHERS

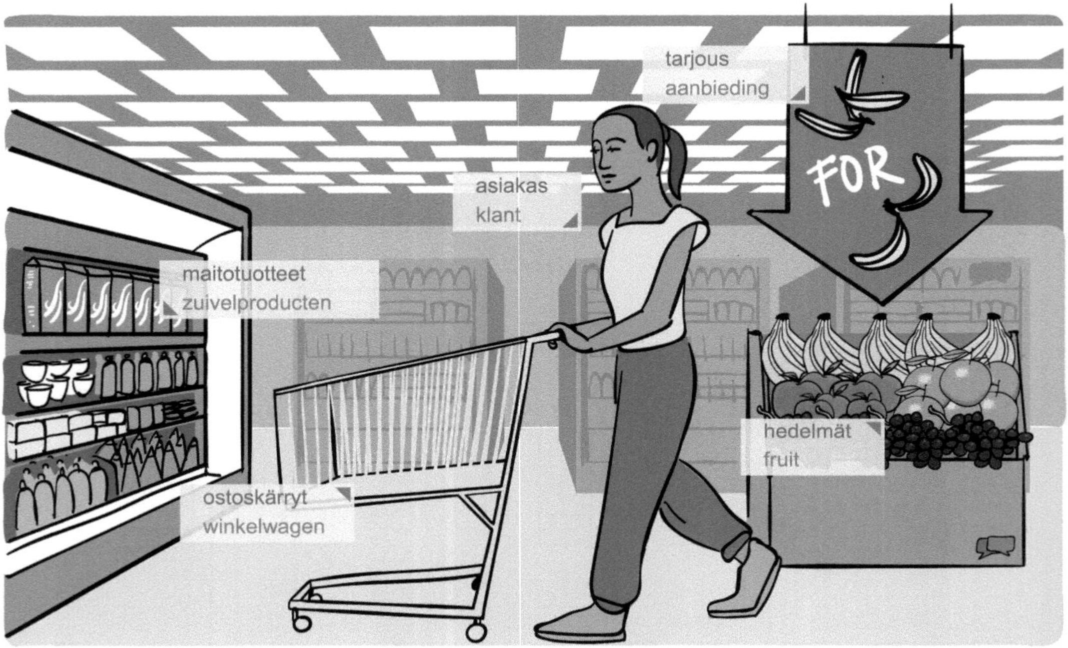

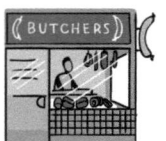

teurastamo

slager

BAKERY

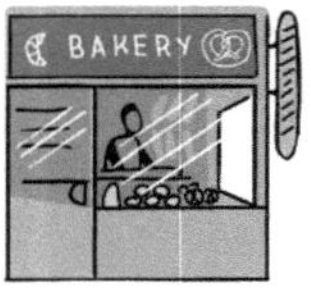

leipomo

bakkerij

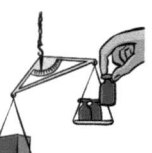

punnita

wegen

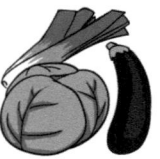

kasvikset

groente

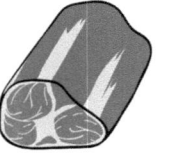

liha

vlees

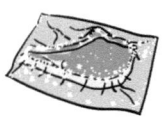

pakasteet

diepvriesproducten

leikkele
vleeswaren

säilykkeet
conserven

pesujauhe
wasmiddel

makeiset
snoepgoed

kotitaloustarvikkeet
huishoudelijke artikelen

puhdistusaineet
schoonmaakmiddel

myyjä
verkoopster

kassa
kassa

kassanhoitaja
kassier

ostoslista
boodschappenlijstje

aukioloajat
openingstijden

lompakko
portefeuille

luottokortti
creditkaart

kassi
tas

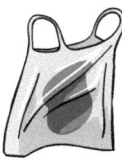

muovipussi
plastic zak

vesi
water

mehu
sap

maito
melk

kokis
cola

viini
wijn

olut
bier

alkoholi
alcohol

kaakao
chocolademelk

tee
thee

kahvi
koffie

espresso
espresso

cappuccino
cappuccino

banaani

banaan

omena

appel

appelsiini

sinaasappel

meloni

watermeloen

sitruuna

citroen

porkkana

wortel

valkosipuli

knoflook

bambu

bamboe

sipuli

ui

sieni

paddenstoel

pähkinät

noten

spagetti

pasta

spagetti
spaghetti

riisi
rijst

salaatti
salade

ranskalaiset
friet

paistetut perunat
gebakken aardappelen

pitsa
pizza

hampurilainen
hamburger

voileipä
sandwich

leike
schnitzel

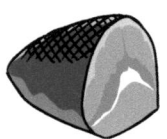

kinkku
ham

salami
salami

makkara
worst

kana
kip

paisti
gebraad

kala
vis

kaurahiutaleet

havermout

mysli

muesli

murot

cornflakes

jauho

meel

voisarvi

croissant

sämpylä

broodjes

leipä

brood

paahtoleipä

toast

keksit

koekjes

voi

boter

rahka

kwark

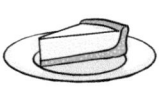

kakku

taart

kananmuna

ei

paistettu kananmuna

gebakken ei

juusto

kaas

jäätelö

ijs

sokeri

suiker

hunaja

honing

hillo

jam

suklaapähkinälevite

chocoladepasta

curry

kerrie

maatila
boerderij

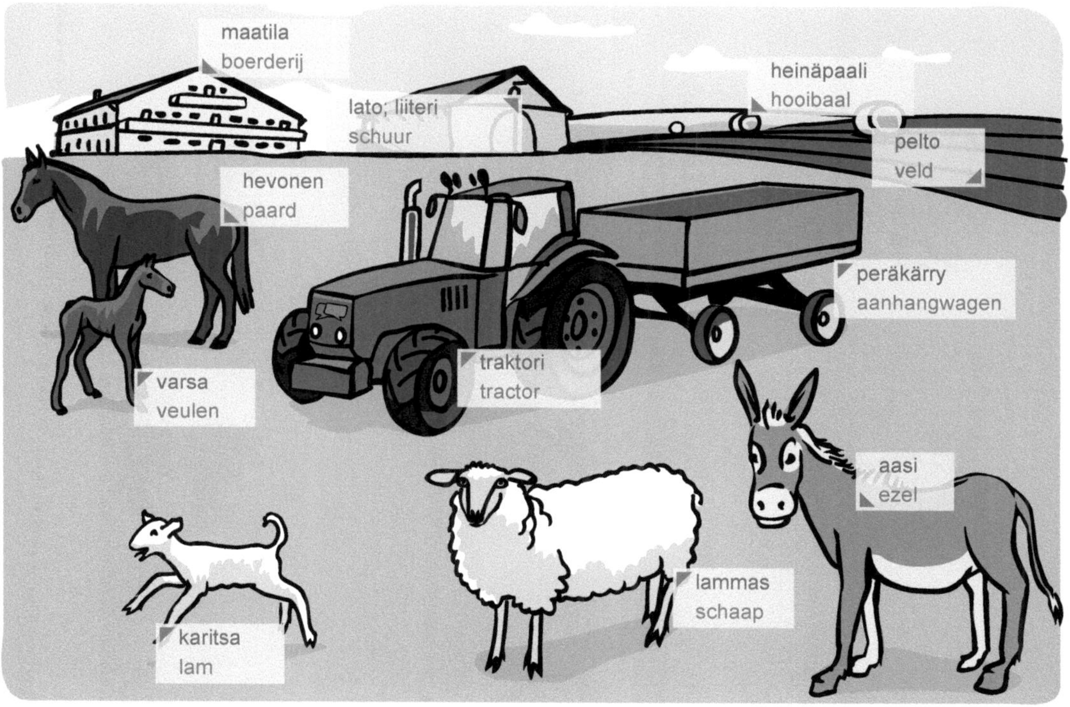
maatila
boerderij
lato; liiteri
schuur
heinäpaali
hooibaal
pelto
veld
hevonen
paard
peräkärry
aanhangwagen
traktori
tractor
varsa
veulen
aasi
ezel
lammas
schaap
karitsa
lam

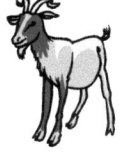

vuohi

geit

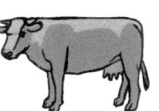

lehmä

koe

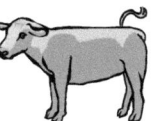

vasikka

kalf

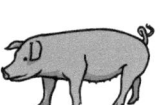

sika

varken

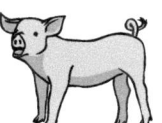

porsas

big

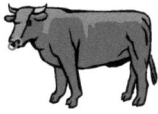

sonni

stier

hanhi

gans

ankka

eend

tipu

kuiken

kana

kip

kukko

haan

rotta

rat

kissa

kat

hiiri

muis

härkä

os

koira

hond

koirankoppi

hondenhok

puutarhaletku

tuinslang

kastelukannu

gieter

viikate

zeis

aura

ploeg

sirppi

sikkel

kuokka

schoffel

talikko

hooivork

kirves

bijl

kottikärryt

kruiwagen

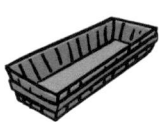

kaukalo

trog

maitokannu

melkbus

säkki

zak

aita

hek

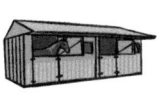

talli

stal

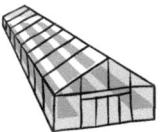

kasvihuone

broeikas

maa

grond

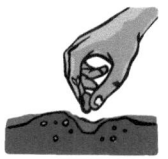

siemen

zaad

lannoite

mest

leikkuupuimuri

maaidorser

kerätä sato

oogsten

sato

oogst

jamssit

yam

vehnä

tarwe

soija

soja

peruna

aardappel

maissi

maïs

rypsi

koolzaad

hedelmäpuu

fruitboom

maniokki

maniok

vilja

granen

talo
huis

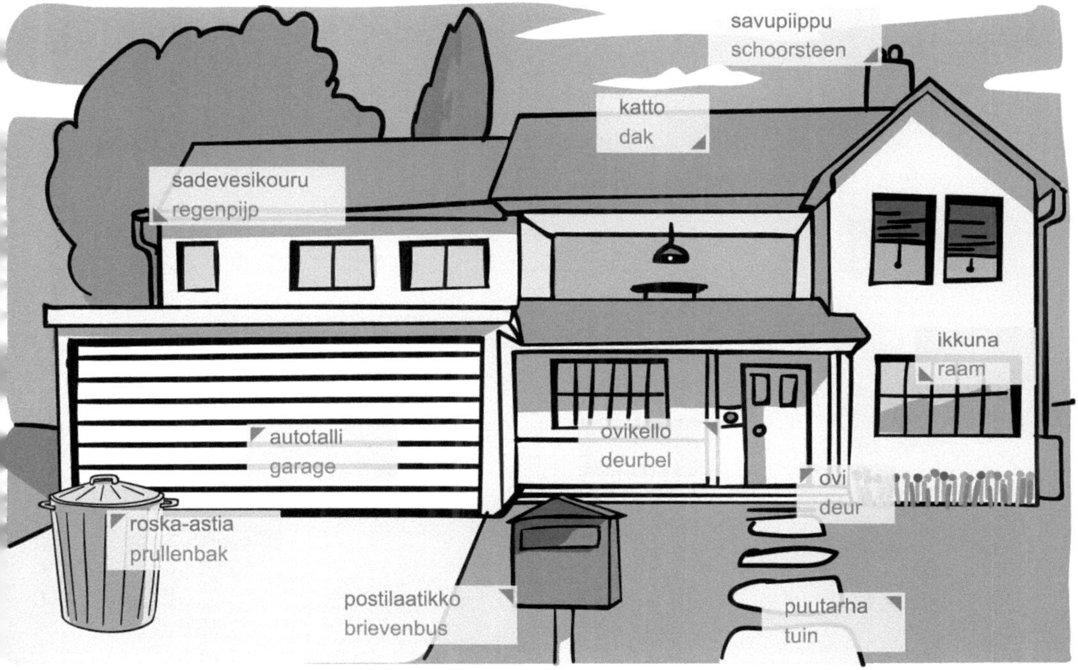
savupiippu
schoorsteen
katto
dak
sadevesikouru
regenpijp
ikkuna
raam
autotalli
garage
ovikello
deurbel
ovi
deur
roska-astia
prullenbak
postilaatikko
brievenbus
puutarha
tuin

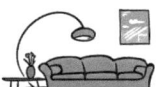

olohuone

woonkamer

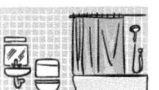

kylpyhuone

badkamer

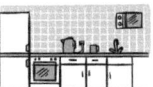

keittiö

keuken

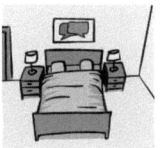

makuuhuone

slaapkamer

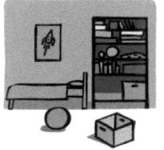

lastenhuone

kinderkamer

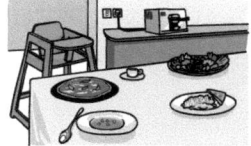

ruokahuone

eetkamer

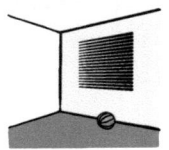

lattia
vloer

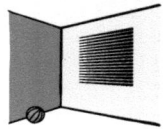

seinä
muur

katto
plafond

kellari
kelder

sauna
sauna

parveke
balkon

terassi
terras

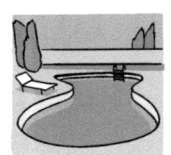

uima-allas
zwembad

ruohonleikkuri
grasmaaier

lakana
laken

päiväpeitto
bedsprei

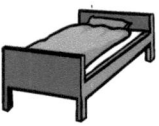

sänky
bed

harja
bezem

ämpäri
emmer

katkaisin
schakelaar

olohuone
woonkamer

tapetti
behang
kuva
foto
lamppu
lamp
hylly
plank
kaappi
kast
televisio
televisie
takka
open haard
kukka
bloem
tyyny
kussen
sohva
bankstel
maljakko
vaas
kaukosäädin
afstandsbediening

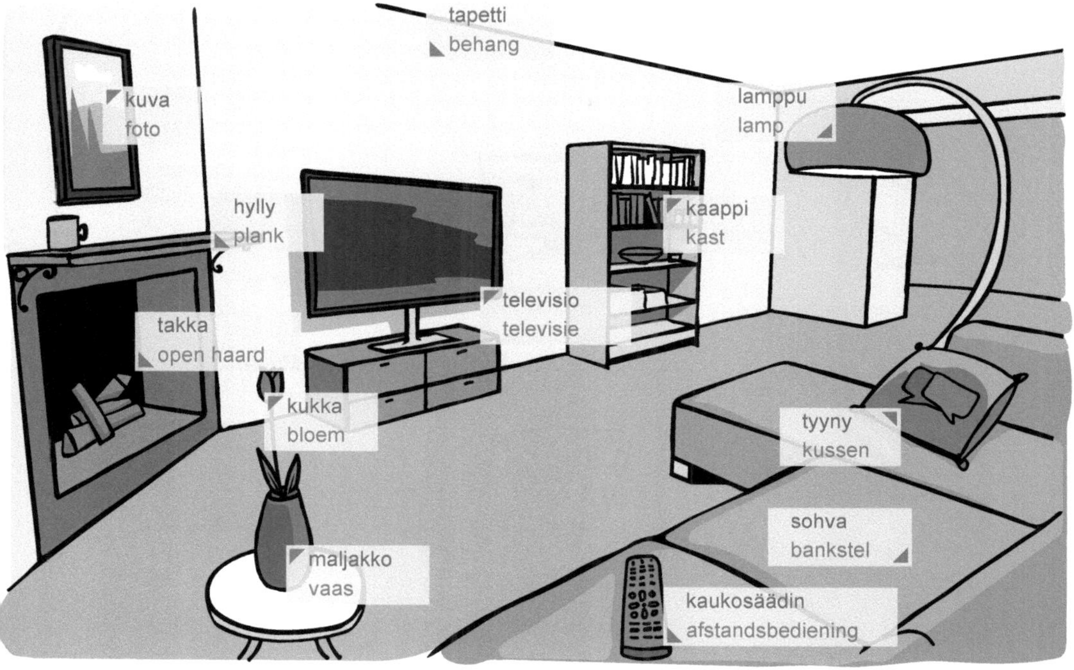

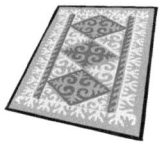

matto
tapijt

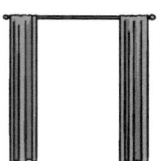

verho
gordijn

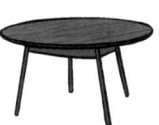

pöytä
tafel

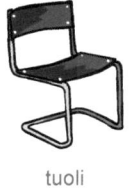

tuoli
stoel

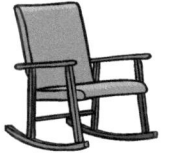

keinutuoli
schommelstoel

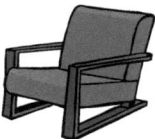

nojatuoli
stoel

kirja

boek

peitto

deken

koriste

decoratie

polttopuut

brandhout

elokuva

film

stereot

stereo-installatie

avain

sleutel

sanomalehti

krant

maalaus

schilderij

juliste

poster

radio

radio

muistivihko

kladblok

pölynimuri

stofzuiger

kaktus

cactus

kynttilä

kaars

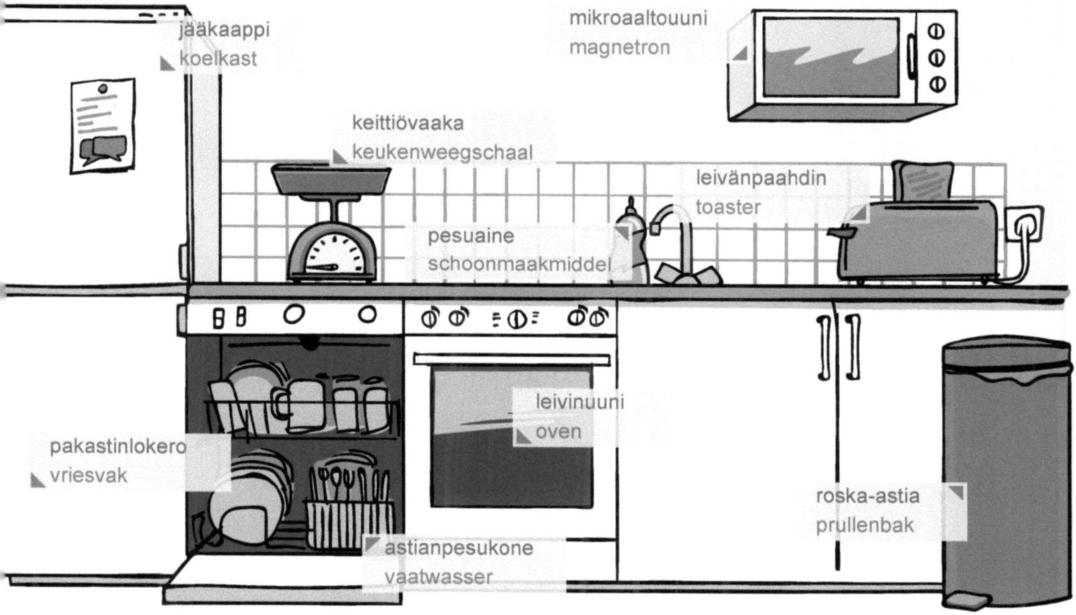

jääkaappi
koelkast

mikroaaltouuni
magnetron

keittiövaaka
keukenweegschaal

leivänpaahdin
toaster

pesuaine
schoonmaakmiddel

pakastinlokero
vriesvak

leivinuuni
oven

roska-astia
prullenbak

astianpesukone
vaatwasser

liesi

fornuis

kattila

pan

rautapata

gietijzeren pan

vokkipannu / kadai-pannu

wok / kadai

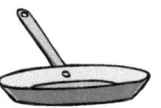

paistinpannu

koekenpan

teepannu

ketel

höyrykeitin

stoomkoker

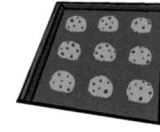

uunipelti

bakplaat

astiat

servies

muki

beker

kulho

kom

syömäpuikot

eetstokjes

kauha

soeplepel

paistinlasta

spatel

vispilä

garde

siivilä

vergiet

siivilä

zeef

raastin

rasp

mortteli

vijzel

grilli

barbecue

avotuli

vuurhaard

leikkuulauta

snijplank

kaulin

deegroller

korkinavaaja

kurkentrekker

purkki

blik

purkinavaaja

blikopener

pannulappu

pannenlap

lavuaari

wasbak

tiskiharja

borstel

pesusieni

spons

tehosekoitin

blender

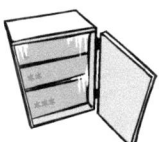

pakastin

vriezer

tuttipullo

babyflesje

vesihana

kraan

kylpyhuone
badkamer

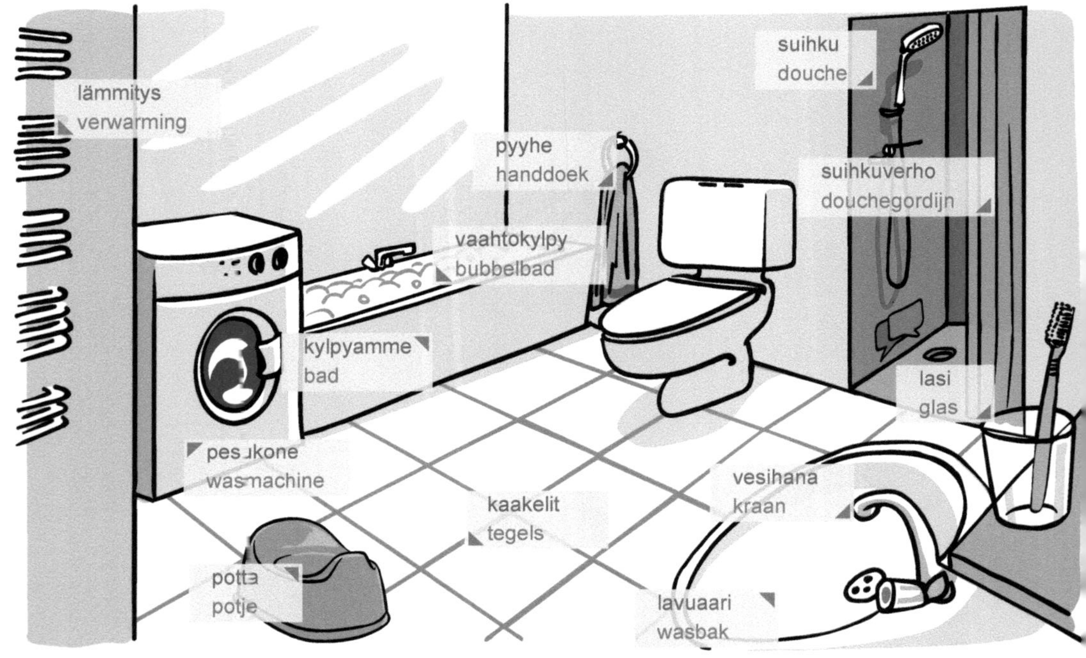

lämmitys
verwarming
suihku
douche
pyyhe
handdoek
suihkuverho
douchegordijn
vaahtokylpy
bubbelbad
kylpyamme
bad
lasi
glas
pesukone
wasmachine
vesihana
kraan
kaakelit
tegels
potta
potje
lavuaari
wasbak

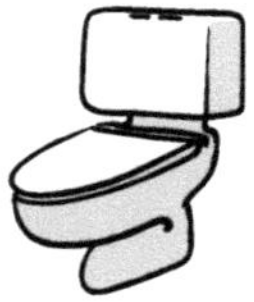

vessa

toilet

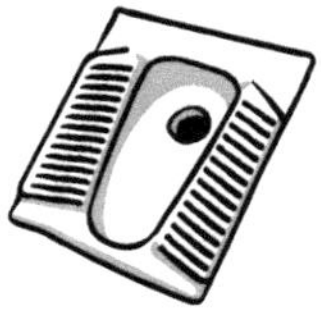

kyykkyvessa

hurktoilet

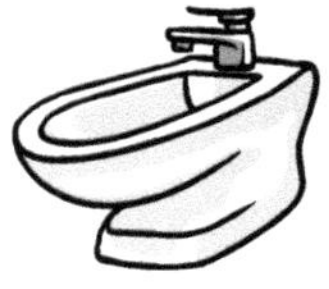

bidee

bidet

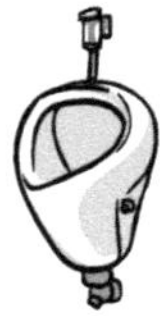

pisuaari

urinoir

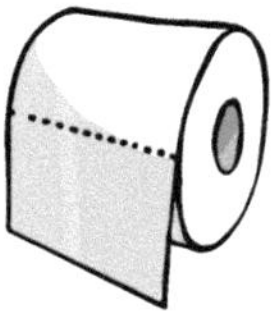

vessapaperi

toiletpapier

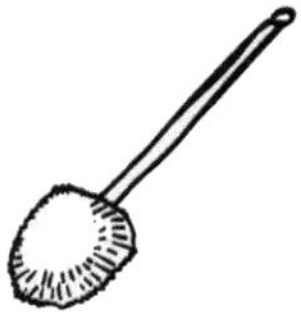

vessaharja

toiletborstel

hammasharja
tandenborstel

hammastahna
tandpasta

hammaslanka
flosdraad

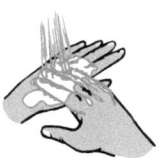

pestä
wassen

käsisuihku
handdouche

intiimisuihku
toiletdouche

pesuvati
waskom

selkäharja
rugborstel

saippua
zeep

suihkugeeli
douchegel

shampoo
shampoo

pesulappu
washanje

viemäri
afvoer

voide
creme

deodorantti
deodorant

peili

spiegel

käsipeili

make-upspiegel

partaveitsi

scheermes

partavaahto

scheerschuim

partavesi

aftershave

kampa

kam

harja

borstel

hiustenkuivaaja

haardroger

hiuslakka

haarspray

meikki

make-up

huulipuna

lippenstift

kynsilakka

nagellak

pumpuli

watten

kynsisakset

nagelschaartje

hajuvesi

parfum

kosmetiikkalaukku

toilettas

jakkara

kruk

vaaka

weegschaal

kylpytakki

badjas

kumihansikkaat

rubber handschoenen

tamponi

tampon

terveysside

maandverband

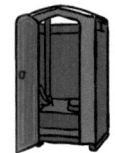

kemiallinen wc

chemisch toilet

lastenhuone
kinderkamer

herätyskello
wekker
pehmolelu
knuffeldier
leikkiauto
speelgoedauto
helistin
rammelaar
nukkekoti
poppenhuis
lahja
cadeau

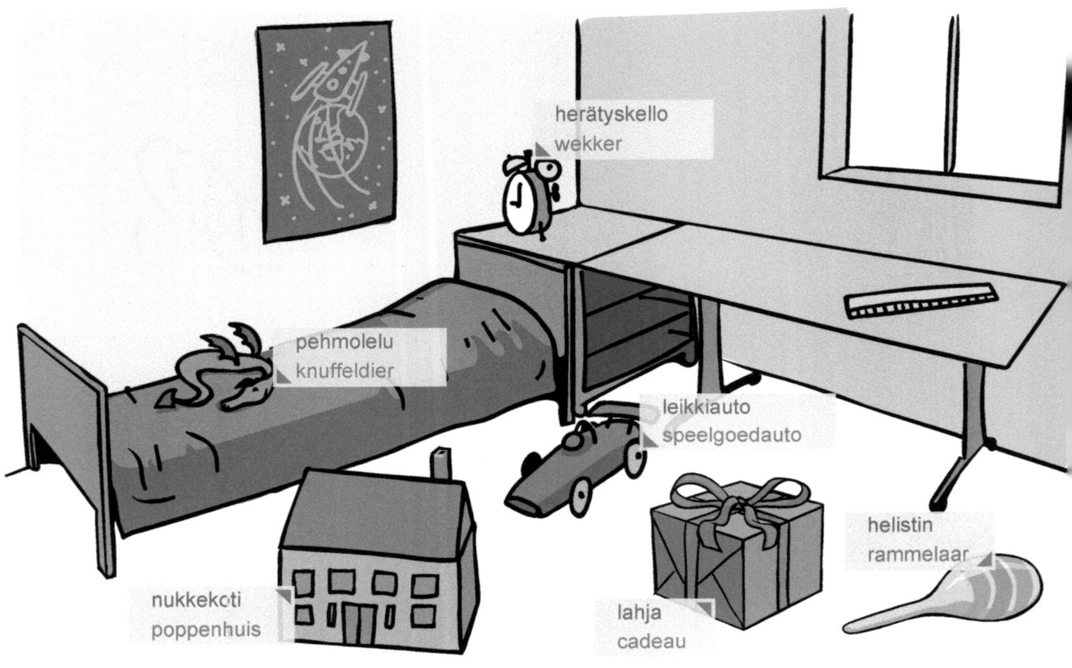

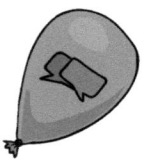

ilmapallo

ballon

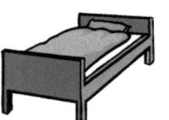

sänky

bed

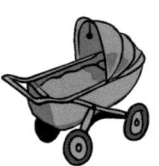

lastenvaunut

kinderwagen

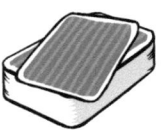

korttipeli

kaartspel

palapeli

puzzel

SUPER
MEGA

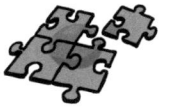

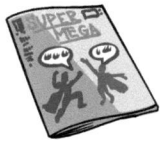

sarjakuva

stripverhaal

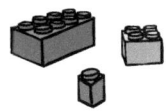

legopalikat

legostenen

rakennuspalikat

speelgoedblokken

supersankari

actiefiguurtje

potkupuku

romper

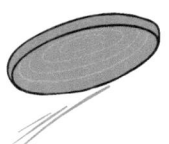

frisbee

frisbee

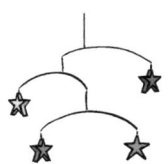

mobile

mobile

lautapeli

bordspel

noppa

dobbelsteen

pienoisjunarata

modeltrein

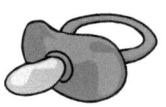

tutti

speen

juhlat

feestje

kuvakirja

prentenboek

pallo

bal

nukke

pop

leikkiä

spelen

hiekkalaatikkɔ

zandbak

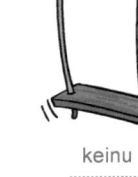

keinu

schommel

lelut

speelgoed

pelikonsoli

spelcomputer

kolmipyörä

driewieler

nalle

teddybeer

vaatekaappi

kleerkast

vaatteet
kleding

sukat

sokken

nylonsukat

kousen

sukkahousut

panty

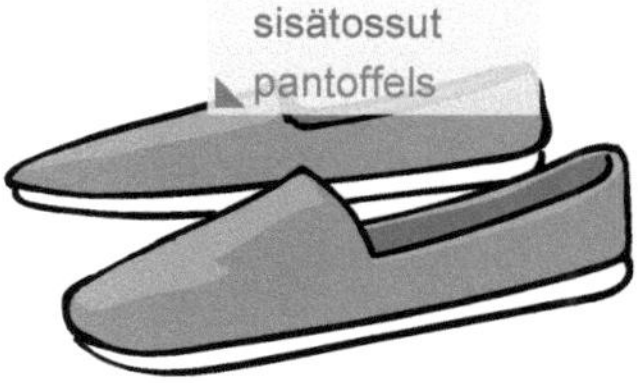

kaulaliina
sjaal

sateenvarjo
paraplu

t-paita
T-shirt

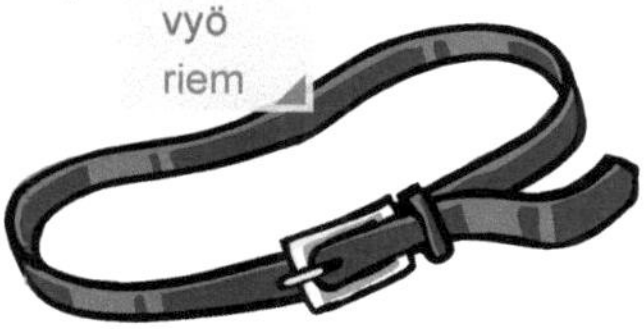

vyö
riem

saappaat
laarzen

sisätossut
pantoffels

lenkkarit
sportschoenen

sandaalit
sandalen

kengät
schoenen

kumisaappaat
rubberlaarzen

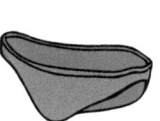

alushousut
onderbroek

rintaliivit
beha

aluspaita
onderhemd

body
body

housut
broek

farkut
spijkerbroek

hame
rok

pusero
blouse

paita
overhemd

villapaita
trui

collegepaita
hoody

jakku
blazer

takki
jas

takki
mantel

sadetakki
regenjas

puku
kostuum

mekko
jurk

hääpuku
trouwjurk

puku

pak

yöpaita

nachthemd

pyjama

pyjama

shari

sari

päähuivi

hoofddoek

turbaani

tulband

burka

boerka

kaftaani

kaftan

abaya

abaja

uimapuku

zwempak

uimahousut

zwembroek

shortsit

korte broek

verkkarit

trainingspak

esiliina

schort

käsineet

handschoenen

nappi

knoop

silmälasit

bril

rannekoru

armband

kaulakoru

ketting

sormus

ring

korvakoru

oorbel

lippalakki

pet

ripustin

kledinghanger

hattu

hoed

solmio

stropdas

vetoketju

rits

kypärä

helm

henkselit

bretels

koulupuku

schooluniform

univormu

uniform

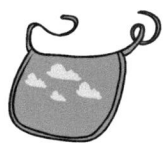

ruokalappu

slabbetje

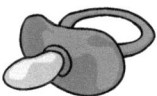

tutti

speen

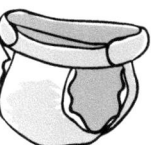

vaippa

luier

toimisto
kantoor

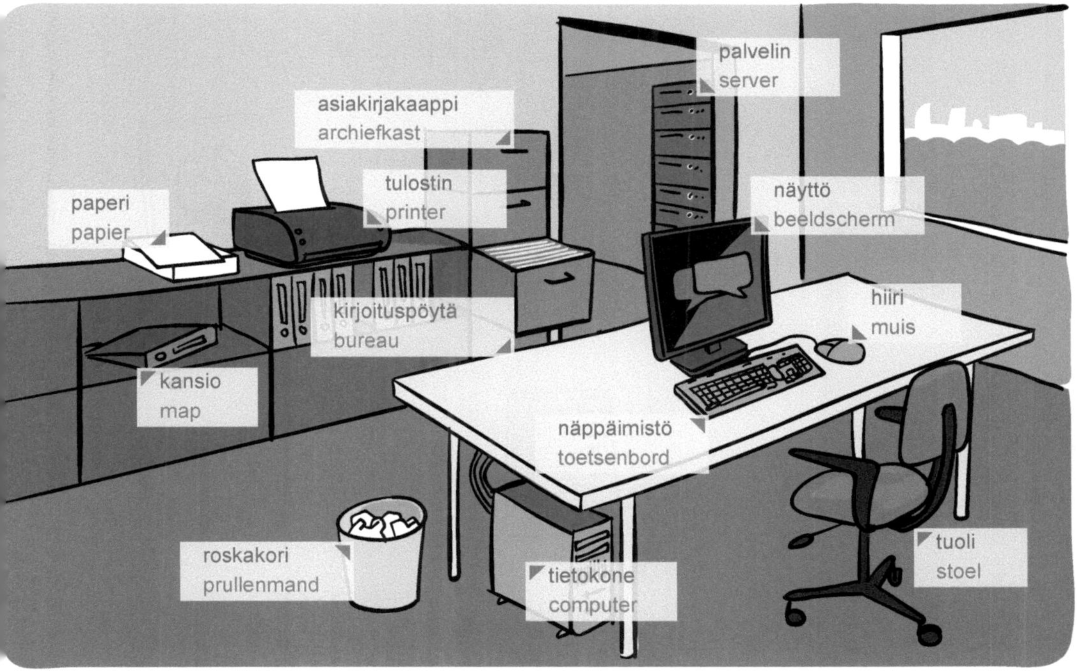
palvelin
server
asiakirjakaappi
archiefkast
tulostin
printer
paperi
papier
näyttö
beeldscherm
hiiri
muis
kirjoituspöytä
bureau
kansio
map
näppäimistö
toetsenbord
roskakori
prullenmand
tietokone
computer
tuoli
stoel

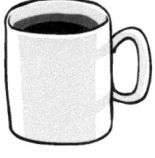

kahvimuki

koffiemok

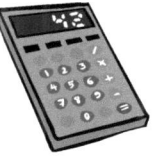

taskulaskin

rekenmachine

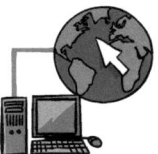

internet

internet

kannettava tietokone

laptop

kirje

brief

viesti

bericht

kännykkä

mobiele telefoon

verkko

netwerk

kopiokone

kopieermachine

ohjelmisto

software

puhelin

telefoon

pistorasia

stopcontact

faksi

fax

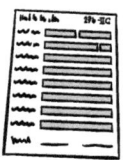

lomake

formulier

asiakirja

document

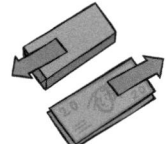

ostaa
kopen

maksaa
betalen

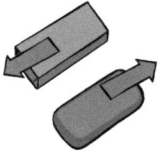

vaihtaa
handel drijven

raha
geld

dollari
dollar

euro
euro

jeni
yen

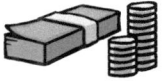

rupla
roebel

frangi
Zwitserse frank

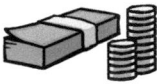

renminbi juan
renminbi yuan

rupia
roepie

pankkiautomaatti
geldautomaat

rahanvaihto

wisselkantoor

kulta

goud

hopea

zilver

öljy

olie

energia

energie

hinta

prijs

sopimus

contract

vero

belasting

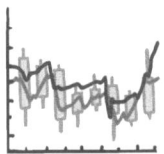

osake

aandeel

työskennellä

werken

työntekijä

werknemer

työnantaja

werkgever

tehdas

fabriek

liike

winkel

ammatit
beroepen

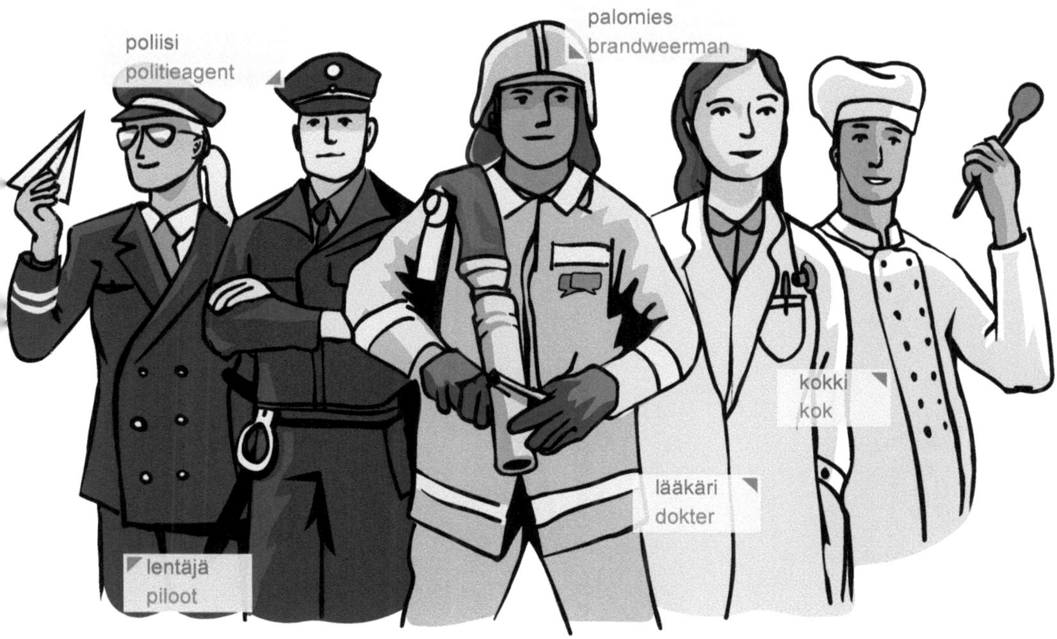
poliisi
politieagent
palomies
brandweerman
kokki
kok
lääkäri
dokter
lentäjä
piloot

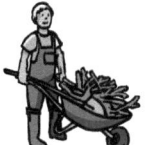

puutarhuri

tuinman

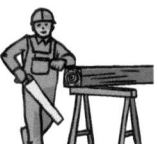

puuseppä

timmerman

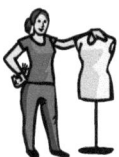

ompelija

naaister

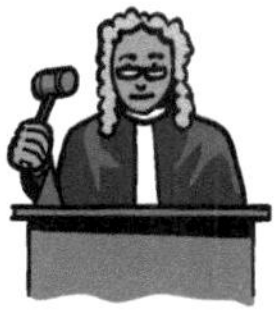

tuomari

rechter

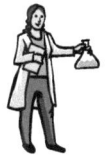

kemisti

scheikundige

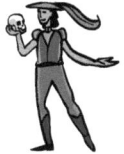

näyttelijä

toneelspeler

linja-autonkuljettaja

buschauffeur

taksinkuljettaja

taxichauffeur

kalastaja

visser

siivooja

schoonmaakster

katontekijä

dakdekker

tarjoilija

ober

metsästäjä

jager

maalari

schilder

leipuri

bakker

sähköasentaja

elektricien

rakentaja

bouwvakker

insinööri

ingenieur

teurastaja

slager

putkiasentaja

loodgieter

postinjakaja

postbode

sotilas

soldaat

arkkitehti

architect

kassanhoitaja

kassier

floristi

bloemist

kampaaja

kapper

konduktööri

conducteur

mekaanikko

monteur

kapteeni

kapitein

hammaslääkäri

tandarts

tiedemies

wetenschapper

rabbi

rabbi

imaami

imam

munkki

monnik

pappi

pastoor

työkalut
gereedschap

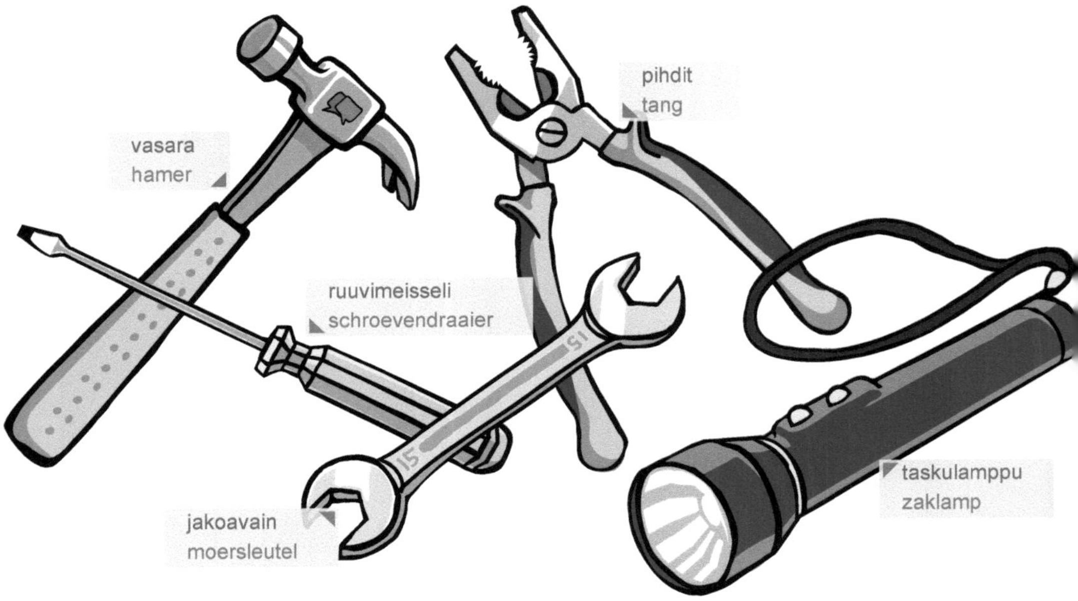

pihdit
tang
vasara
hamer
ruuvimeisseli
schroevendraaier
taskulamppu
zaklamp
jakoavain
moersleutel

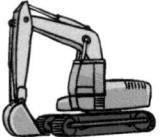

kaivinkone

graafmachine

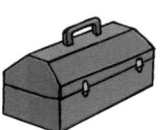

työkalupakki

gereedschapskist

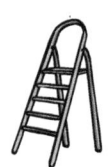

tikkaat

ladder

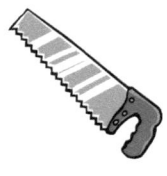

saha

zaag

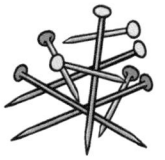

naulat

spijkers

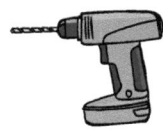

pora

boor

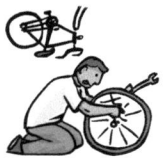

korjata

repareren

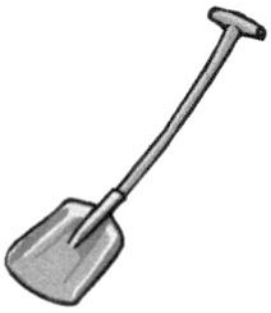

lapio

schep

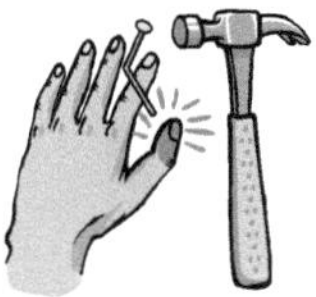

Hitto!

Verdorie!

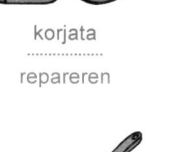

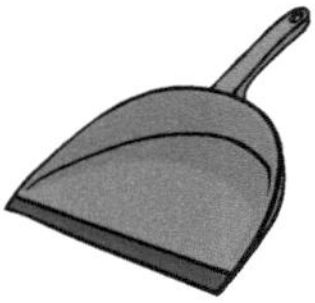

rikkalapio

stofblik

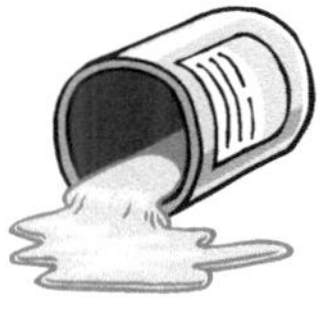

maalipurkki

verfpot

ruuvit

schroeven

soittimet
muziekinstrumenten

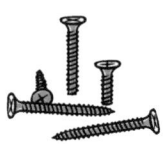

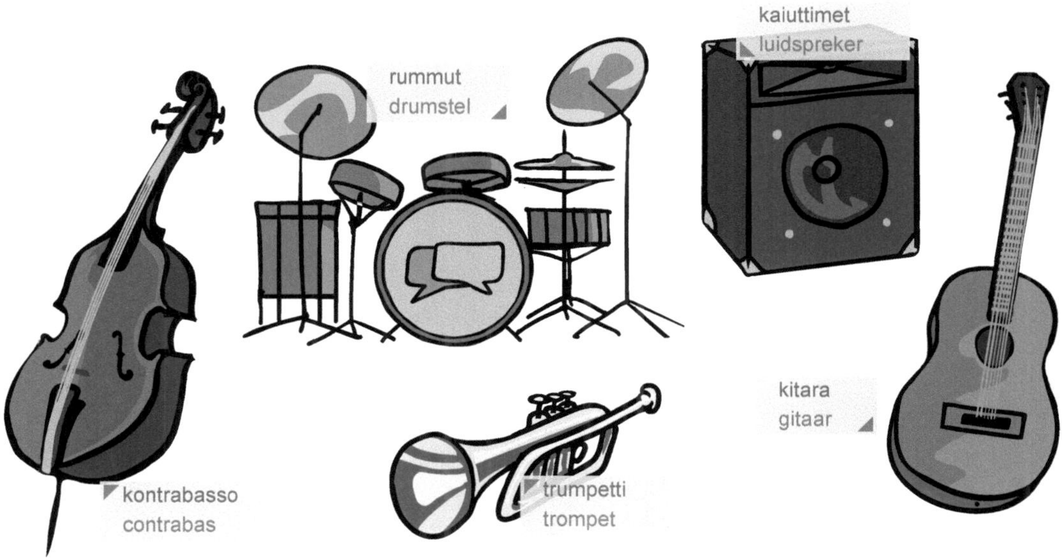
kaiuttimet
luidspreker
rummut
drumstel
kitara
gitaar
kontrabasso
contrabas
trumpetti
trompet

piano
piano

viulu
viool

basso
bas

patarummut
pauk

rumpu
trommel

kosketinsoitin
keyboard

saksofoni
saxofoon

huilu
fluit

mikrofoni
microfoon

eläintarha
dierentuin

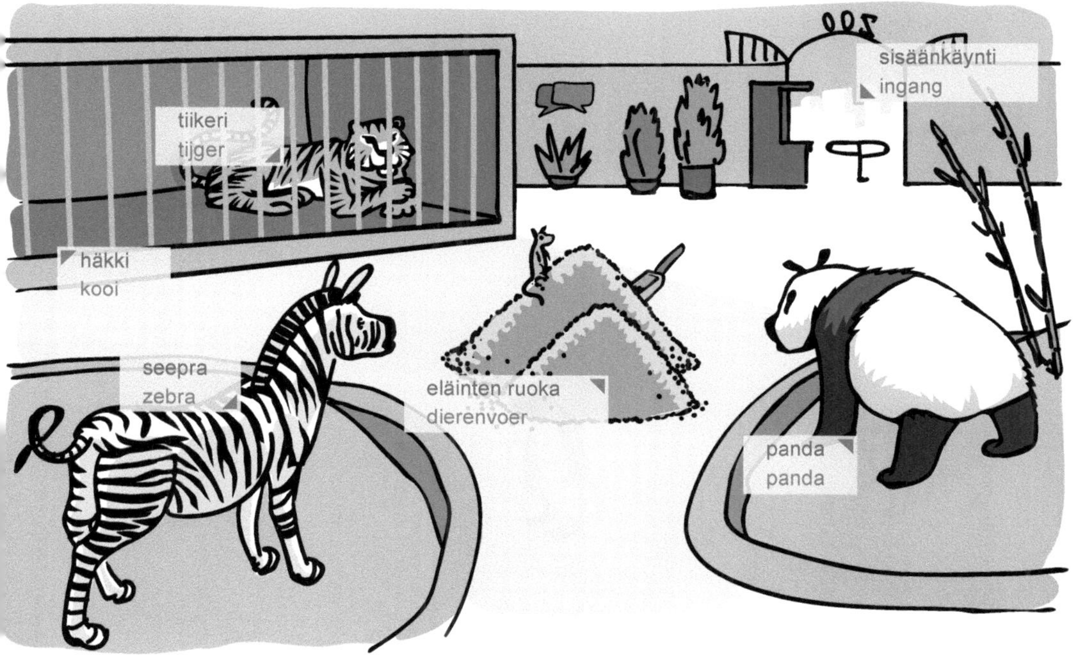

sisäänkäynti
ingang
tiikeri
tijger
häkki
kooi
seepra
zebra
eläinten ruoka
dierenvoer
panda
panda

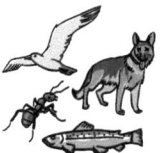

eläimet

dieren

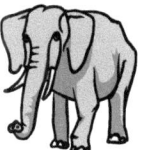

norsu

olifant

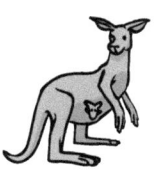

kenguru

kangoeroe

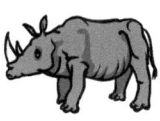

sarvikuono

neushoorn

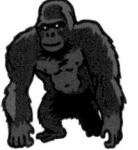

gorilla

gorilla

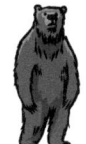

karhu

beer

kameli

kameel

strutsi

struisvogel

leijona

leeuw

apina

aap

flamingo

flamingo

papukaija

papegaai

jääkarhu

ijsbeer

pingviini

pinguïn

hai

haai

riikinkukko

pauw

käärme

slang

krokotiili

krokodil

eläintarhanhoitaja

dierenverzorger

hylje

zeehond

jaguaari

jaguar

poni

pony

leopardi

luipaard

virtahepo

nijlpaard

kirahvi

giraffe

kotka

adelaar

villisika

wild zwijn

kala

vis

kilpikonna

schildpad

mursu

walrus

kettu

vos

gaselli

gazelle

amerikkalainen jalkapallo
American football

pyöräily
wielrennen

tennis
tennis

koripallo
basketbal

uinti
zwemmen

nyrkkeily
boksen

jääkiekko
ijshockey

jalkapallo
voetbal

sulkapallo
badminton

yleisurheilu
atletiek

käsipallo
handbal

hiihto
skiën

poolo
polo

nauraa
lachen

hypätä
springen

halata
knuffelen

kävellä
lopen

laulaa
zingen

unelmoida
dromen

rukoilla
bidden

suudella
kussen

kirjoittaa

schrijven

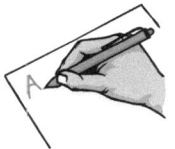

piirtää

tekenen

näyttää

tonen

painaa

duwen

antaa

geven

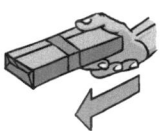

ottaa

oppakken

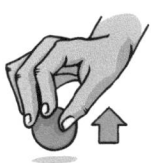

omistaa

hebben

tehdä

doen

olla

zijn

seisoa

staan

juosta

rennen

vetää

trekken

heittää

gooien

kaatua

vallen

maata

liggen

odottaa

wachten

kantaa

dragen

istua

zitten

pukeutua

aankleden

nukkua

slapen

herätä

wakker worden

katsoa

bekijken

itkeä

huilen

silittää

strelen

kammata

kammen

puhua

praten

ymmärtää

begrijpen

kysyä

vragen

kuunnella

horen

juoda

drinken

syödä

eten

siivota

opruimen

rakastaa

houden van

keittää

koken

ajaa

rijden

lentää

vliegen

purjehtia

zeilen

laskea

rekenen

lukea

lezen

oppia

leren

työskennellä

werken

mennä naimisiin

trouwen

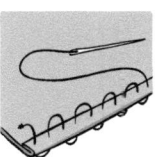

ommella

naaien

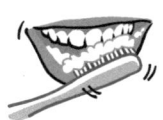

pestä hampaat

tandenpoetsen

tappaa

doden

tupakoida

roken

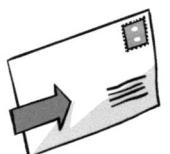

lähettää

verzenden

mummo
grootmoeder

ukki
grootvader

isä
vader

äiti
moeder

vauva
baby

tytär
dochter

poika
zoon

vieras

gast

täti

tante

setä

oom

veli

broer

sisko

zus

vartalo
lichaam

otsa
voorhoofd
silmä
oog
olkapää
schouder
sormet
vinger
kasvot
gezicht
leuka
kin
käsi
hand
jalka
been
rinta
borst
käsivarsi
arm

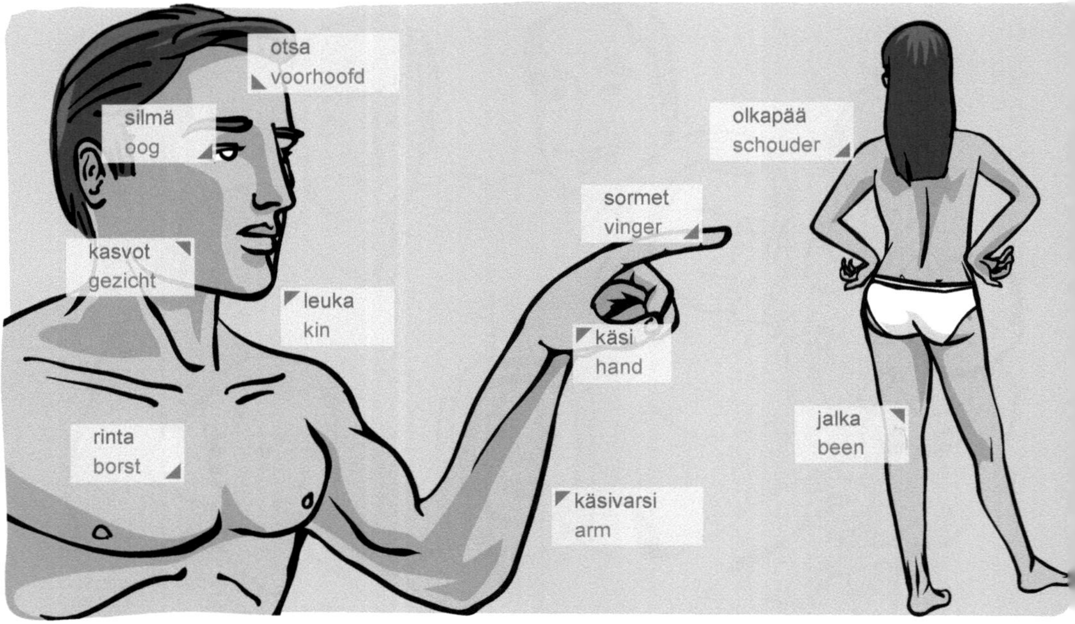

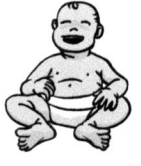

vauva
baby

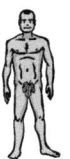

mies
man

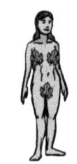

nainen
vrouw

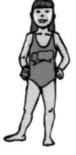

tyttö
meisje

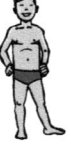

poika
jongen

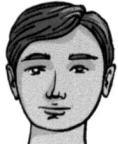

pää
hoofd

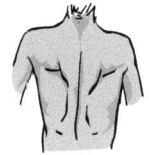	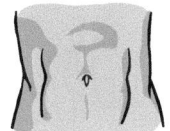	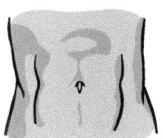
selkä	maha	napa
rug	buik	navel
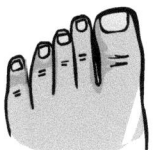	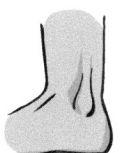	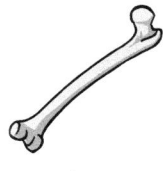
varvas	kantapää	luu
teen	hiel	bot
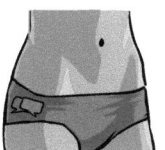	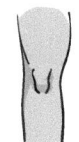	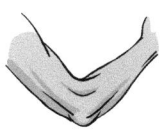
lantio	polvi	kyynärpää
heup	knie	elleboog
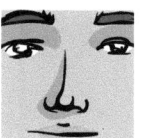	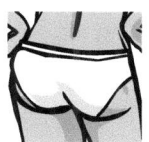	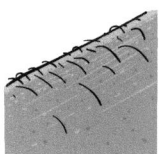
nenä	takapuoli	iho
neus	achterwerk	huid
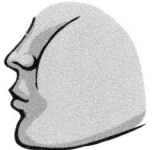	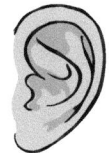	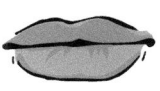
poski	korva	huuli
wang	oor	lippen

suu

mond

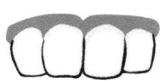

hammas

tand

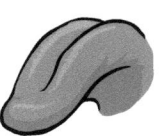

kieli

tong

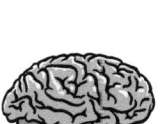

aivot

hersenen

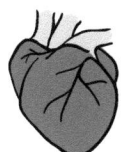

sydän

hart

lihas

spier

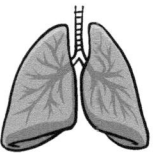

keuhkot

long

maksa

lever

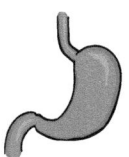

vatsa

maag

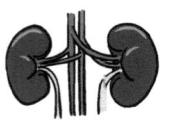

munuaiset

nieren

seksi

geslachtsgemeenschap

kondomi

condoom

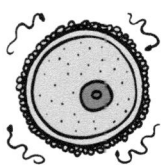

munasolu

eicel

sperma

sperma

raskaus

zwangerschap

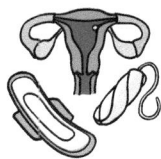

kuukautiset
menstruatie

vagina
vagina

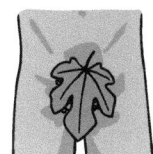

penis
penis

kulmakarvat
wenkbrauw

hiukset
haar

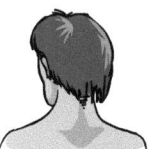

niska
hals

sairaala
ziekenhuis

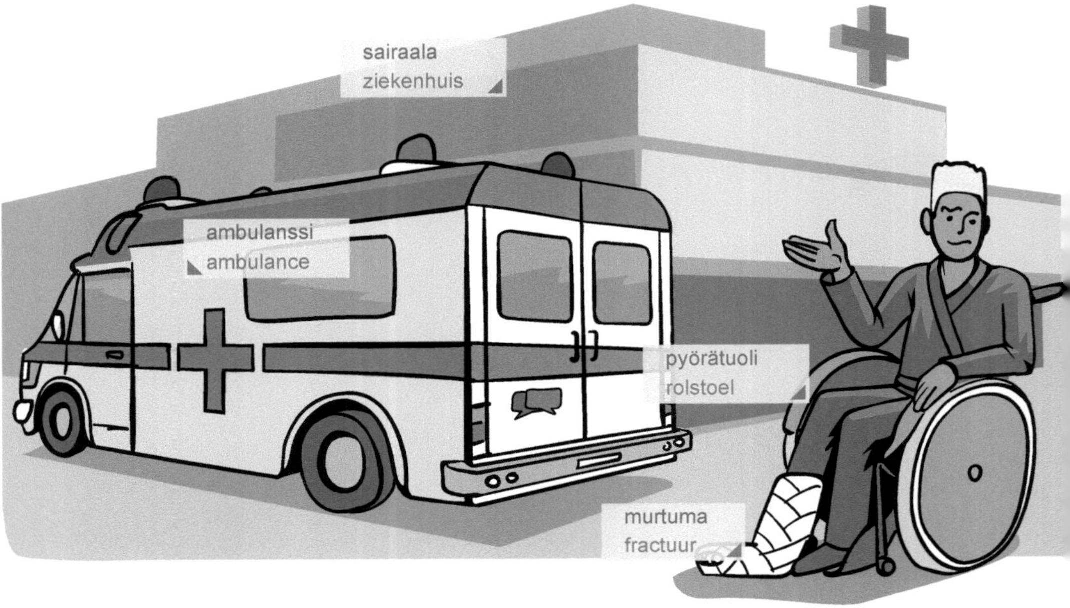

sairaala
ziekenhuis
ambulanssi
ambulance
pyörätuoli
rolstoel
murtuma
fractuur

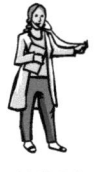

lääkäri

dokter

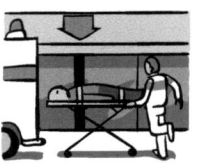

ensiapu

EHBO

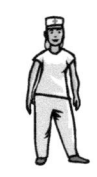

sairaanhoitaja

verpleegster

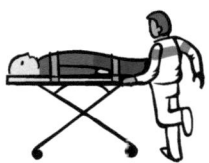

hätätilanne

noodgeval

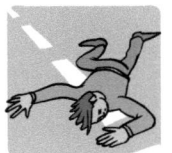

tajuton

bewusteloos

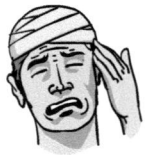

kipu

pijn

vamma
verwonding

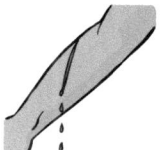

verenvuoto
bloeding

sydänkohtaus
hartaanval

aivoinfarkti
beroerte

allergia
allergie

yskä
hoest

kuume
koorts

flunssa
griep

ripuli
diarree

päänsärky
hoofdpijn

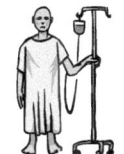

syöpä
kanker

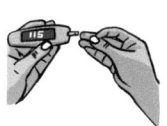

diabetes
diabetes

kirurgi
chirurg

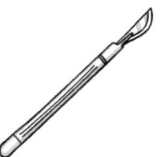

veitsi
scalpel

leikkaus
operatie

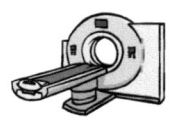

ct
CT

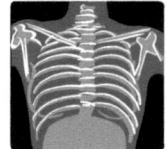

röntgen
röntgen

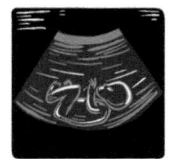

ultraääni
echografie

maski
gezichtsmasker

sairaus
ziekte

odotushuone
wachtkamer

sauva
kruk

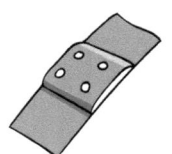

laastari
pleister

side
verband

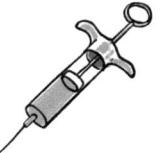

pistos
injectie

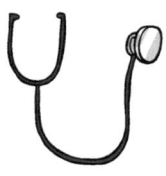

stetoskooppi
stethoscoop

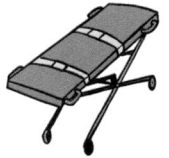

paarit
brancard

kuumemittari
thermometer

syntymä
geboorte

ylipaino
overgewicht

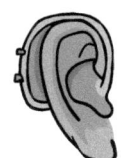

kuulolaite

gehoorapparaat

desinfiointiaine

ontsmettingsmiddel

infektio

infectie

virus

virus

HIV / AIDS

HIV / AIDS

lääke

medicijn

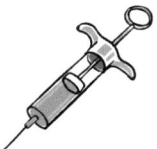

rokotus

inenting

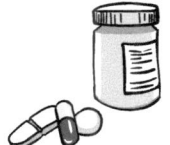

tabletit

tabletten

pilleri

pil

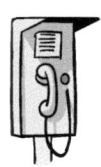

hätäpuhelu

alarmnummer

verenpainemittari

bloeddrukmeter

sairas / terve

ziek / gezond

hälytys	**ryöstö**	
alarm	overval	

Apua!
Help!

hyökkäys
aanval

vaara
gevaar

hätäuloskäynti
nooduitgang

Tulipalo!
Brand!

palosammutin
brandblusser

onnettomuus
ongeluk

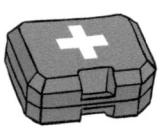

ensiapulaukku
EHBO-koffer

SOS
SOS

poliisilaitos
politie

Eurooppa

Europa

Pohjois-Amerikka

Noord-Amerika

Etelä-Amerikka

Zuid-Amerika

Afrikka

Afrika

Aasia

Azië

Australia

Australië

Atlantin valtameri

Atlantische Oceaan

Tyynimeri

Stille Oceaan

Intian valtameri

Indische Oceaan

Eteläinen jäämeri

Zuidelijke Oceaan

Pohjoinen jäämeri

Noordelijke IJszee

pohjoisnapa

Noordpool

etelänapa

Zuidpool

Antarktis

Antarctica

maa

aarde

maa

land

meri

zee

saari

eiland

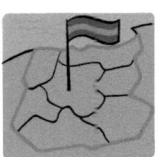

kansa

natie

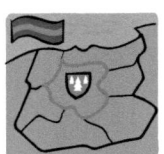

osavaltio

staat

kellotaulu

wijzerplaat

tuntiviisari

uurwijzer

minuuttiviisari

minutenwijzer

sekuntiviisari

secondewijzer

Paljonko kello on?

Hoe laat is het?

päivä

dag

aika

tijd

nyt

nu

digitaalikello

digitaal horloge

minuutti

minuut

tunti

uur

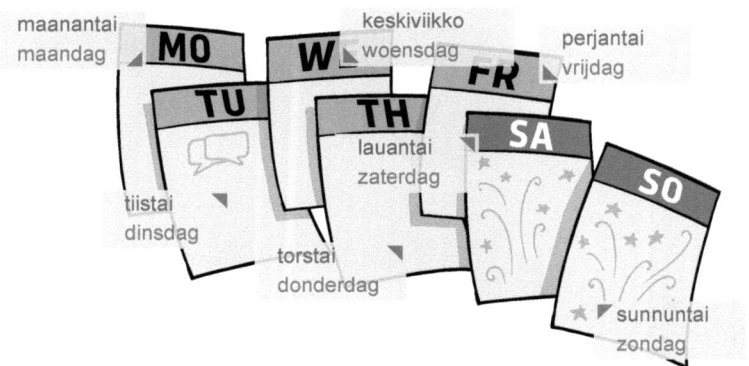

maanantai
maandag

keskiviikko
woensdag

perjantai
vrijdag

tiistai
dinsdag

lauantai
zaterdag

torstai
donderdag

sunnuntai
zondag

eilen

gisteren

tänään

vandaag

huomenna

morgen

aamu

ochtend

keskipäivä

middag

ilta

avond

työpäivät

werkdagen

viikonloppu

weekend

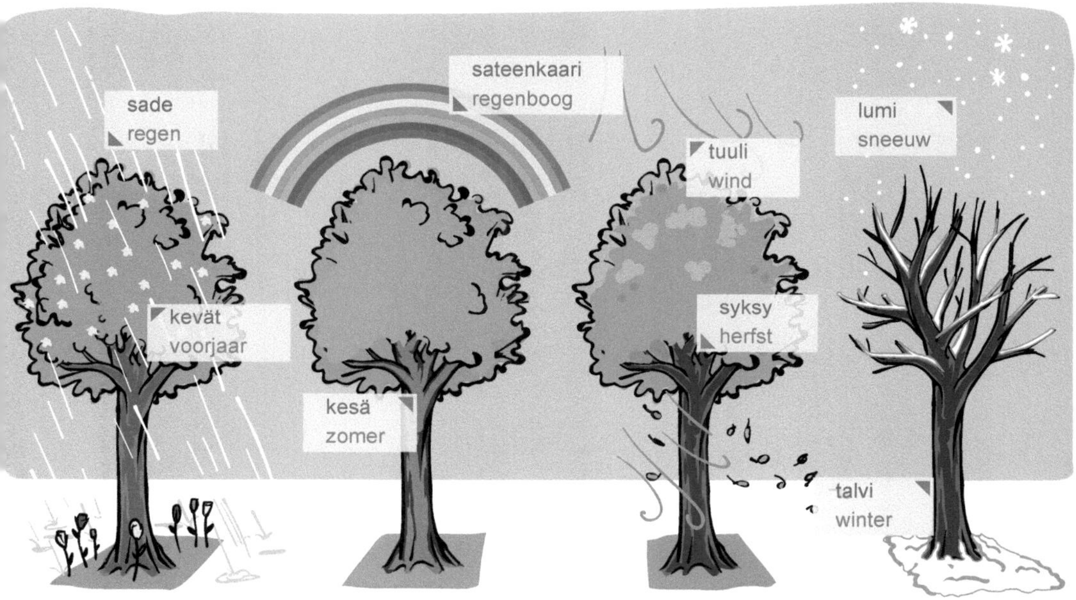

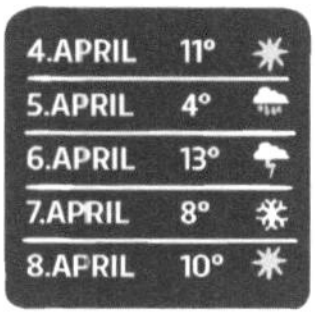

sade
regen

sateenkaari
regenboog

tuuli
wind

lumi
sneeuw

kevät
voorjaar

kesä
zomer

syksy
herfst

talvi
winter

4.APRIL	11°	☀
5.APRIL	4°	🌧
6.APRIL	13°	🌧
7.APRIL	8°	❄
8.APRIL	10°	❄

sääennuste
weerbericht

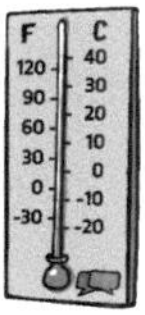

lämpömittari
thermometer

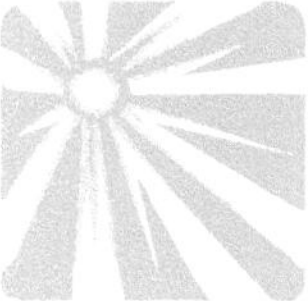

auringonpaiste
zonneschijn

pilvi
wolk

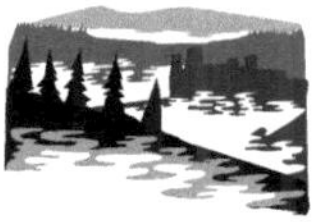

sumu
mist

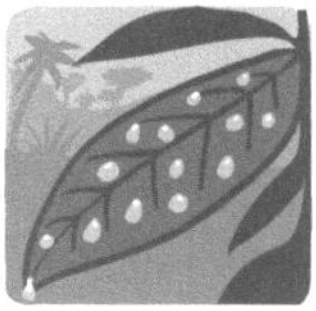

ilmankosteus
luchtvochtigheid

salama
bliksem

ukkonen
donder

myrsky
storm

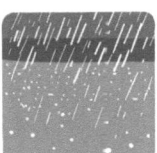

rae
hagel

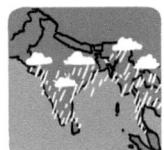

monsuuni
moesson

tulva
overstroming

jää
ijs

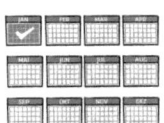

tammikuu
januari

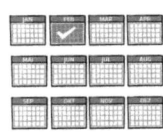

helmikuu
februari

maaliskuu
maart

huhtikuu
april

toukokuu
mei

kesäkuu
juni

heinäkuu
juli

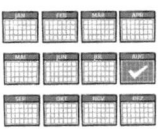

elokuu
augustus

syyskuu

september

lokakuu

oktober

marraskuu

november

joulukuu

december

muodot
vormen

ympyrä

cirkel

neliö

vierkant

suorakulmio

rechthoek

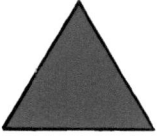

kolmio

driehoek

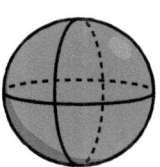

pallo

bol

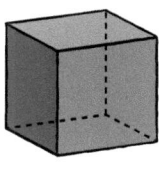

kuutio

kubus

valkoinen

wit

keltainen

geel

oranssi

oranje

vaaleanpunainen

roze

punainen

rood

violetti

paars

sininen

blauw

vihreä

groen

ruskea

bruin

harmaa

grijs

musta

zwart

paljon / vähän

veel / weinig

vihainen / ystävällinen

boos / rustig

kaunis / ruma

mooi / lelijk

alku / loppu

begin / einde

suuri / pieni

groot / klein

vaalea / tumma

licht / donker

veli / sisko

broer / zus

puhdas / likainen

schoon / vies

täydellinen / epätäydellinen

volledig / onvolledig

päivä / yö

dag/ nacht

kuollut / elävä

dood / levend

leveä / kapea

breed / smal

syötävä / syömä<elvoton

eetbaar / oneetbaar

paha / kiltti

gemeen / aardig

innostunut / tylsistynyt

opgewonden / verveeld

lihava / laiha

dik / dun

ensimmäinen / viimeinen

eerste / laatste

ystävä / vihollinen

vriend / vijand

täysi / tyhjä

vol / leeg

kova / pehmeä

hard / zacht

painava / kevyt

zwaar / licht

nälkä / jano

honger / dorst

sairas / terve

ziek / gezond

laiton / laillinen

illegaal / legaal

älykäs / tyhmä

intelligent / dom

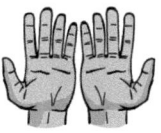

vasen / oikea

links / rechts

lähellä / kaukana

dichtbij / ver

uusi / käytetty

nieuw / gebruikt

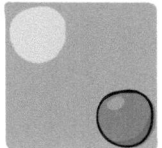

ei mitään / jotain

niets / iets

vanha / nuori

oud / jong

päällä / pois päältä

aan / uit

auki / kiinni

open / gesloten

hiljainen / äänekäs

zacht / luid

rikas / köyhä

rijk / arm

oikein / väärin

goed / fout

karhea / sileä

ruw / glad

surullinen / iloinen

verdrietig / gelukkig

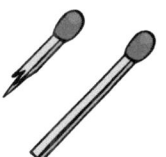

lyhyt / pitkä

kort / lang

hidas / nopea

langzaam / snel

märkä / kuiva

nat / droog

lämmin / viileä

warm / koel

sota / rauha

oorlog / vrede

0

nolla

nul

1

yksi

één

2

kaksi

twee

3

kolme

drie

4

neljä

vier

5

viisi

vijf

6

kuusi

zes

7

seitsemän

zeven

8

kahdeksan

acht

9

yhdeksän

negen

10

kymmenen

tien

11

yksitoista

elf

12

kaksitoista

twaalf

13

kolmetoista

dertien

14

neljätoista

veertien

15

viisitoista

vijftien

16

kuusitoista

zestien

17

seitsemäntoista

zeventien

18

kahdeksantoista

achttien

19

yhdeksäntoista

negentien

20

kaksikymmentä

twintig

100

sata

honderd

1.000

tuhat

duizend

1.000.000

miljoona

miljoen

englanti

Engels

amerikanenglanti

Amerikaans Engels

mandariinikiina

Chinees Mandarijn

hindi

Hindi

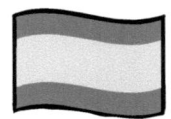

espanja

Spaans

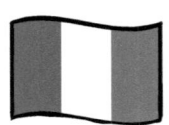

ranska

Frans

arabia

Arabisch

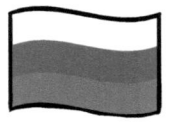

venäjä

Russisch

portugali

Portugees

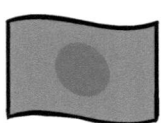

bengali

Bengalees

saksa

Duits

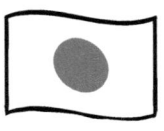

japani

Japans

minä

ik

sinä

jij

hän

hij / zij / het

me

wij

te

jullie

he

zij

kuka?

wie?

mitä / mikä?

wat?

miten?

hoe?

missä?

waar?

milloin?

wanneer?

nimi

naam

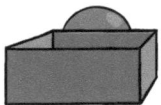

takana

achter

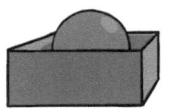

sisällä

in

edessä

voor

yläpuolella

boven

päällä

op

alapuolella

onder

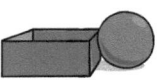

vieressä

naast

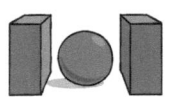

välissä

tussen

paikka

plaats